Impressum
Verlag: BABADADA GmbH, Nedderfeld 112 , 22529 Hamburg
Geschäftsführer / Verlagsleitung: Harald Hof
Druck: Books on Demand GmbH, In de Tarpen 42, 22848 Norderstedt

Imprint
Publisher: BABADADA GmbH, Nedderfeld 112 , 22529 Hamburg, Germany
Managing Director / Publishing direction: Harald Hof
Print: Books on Demand GmbH, In de Tarpen 42, 22848 Norderstedt, Germany

Šola
škola

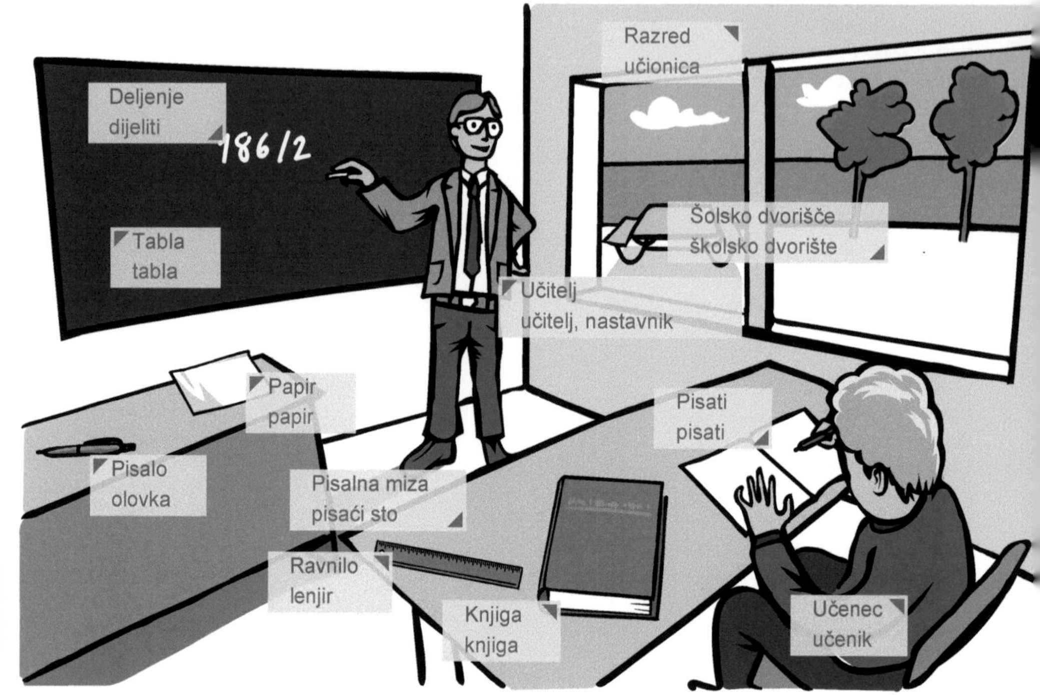

Razred
učionica
Deljenje
dijeliti
186/2
Šolsko dvorišče
školsko dvorište
Tabla
tabla
Učitelj
učitelj, nastavnik
Papir
papir
Pisati
pisati
Pisalo
olovka
Pisalna miza
pisaći sto
Ravnilo
lenjir
Knjiga
knjiga
Učenec
učenik

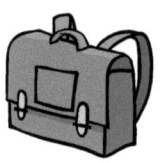

Šolska torba
torba

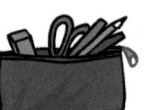

Peresnica
pernica

Svinčnik
drvena olovka

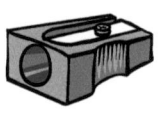

Šilček
šiljalo za olovke

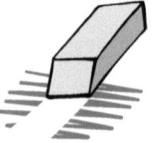

Radirka
gumica

Risalni blok
blok za crtanje

Risba

crtež

Čopič

kist

Vodene barvice

kutija s bojama

Škarje

makaze

Lepilo

ljepilo

Zvezek

vježbanka

Domača naloga

domaća zadaća

Število

broj

Seštevanje

sabirati

Odštevanje

oduzimati

Množenje

množiti

Računanje

računati

Črka

slovo

Abeceda

abeceda

Beseda

riječ

Besedilo
....
tekst

Brati
....
čitati

Kreda
....
kreda

Učna ura
....
sat

Redovalnica
....
školski dnevnik

Preizkus znanja
....
ispit

Spričevalo
....
svjedočanstvo

Šolska uniforma
....
školska uniforma

Izobrazba
....
izobrazba

Enciklopedija
....
leksikon

Univerza
....
univerzitet

Mikroskop
....
mikroskop

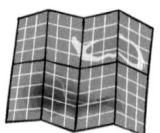

Zemljevid
....
karta

Koš za smeti
....
korpa za papir

Potovanje
putovanje

Hotel
hotel
Grand
Hostel
hostel
ROOMS
Menjalnica
mjenjačnica
Kovček
kofer
Avtomobil
auto

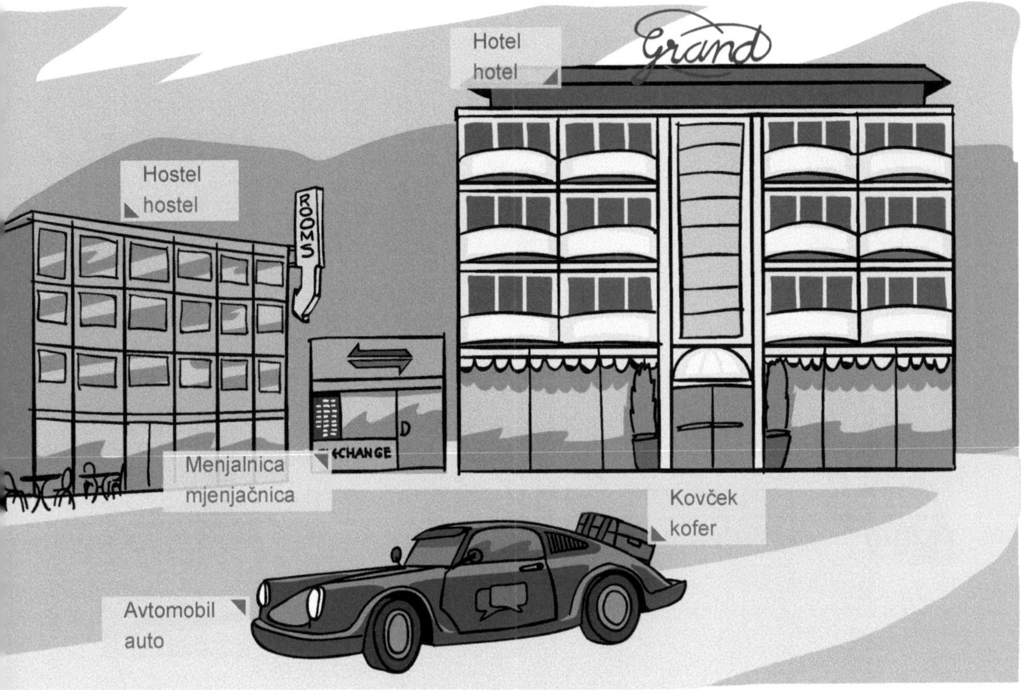

Jezik

jezik

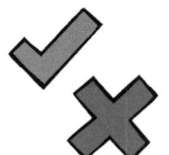

da / ne

da / ne

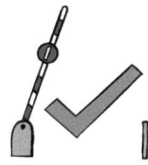

Prav

okej

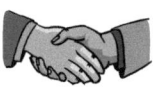

Pozdravljeni

zdravo

Prevajalec

tumač

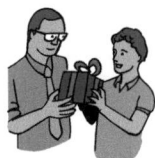

Hvala

hvala

Koliko stane...?

Koliko košta...?

Ne razumem

Ne razumijem

Težava

problem

Dober večer!

dobro veče!

Dobro jutro!

Dobro jutro!

Lahko noč!

Laku noć!

Nasvidenje

doviđenja

Smer

smjer

Prtljaga

prtljag

Torba

torba

Nahrbtnik

ruksak

Gost

gost

Soba

soba

Spalna vreča

vreća za spavanje

Šotor

šator

Turistične informacije

turističke informacije

Plaža

plaža

Kreditna kartica

kreditna kartica

Zajtrk

doručak

Kosilo

ručak

Večerja

večera

Vozovnica

putna karta

Dvigalo

lift

Znamka

poštanska markica

Meja

granica

Carina

carina

Veleposlaništvo

ambasada

Vizum

viza

Potni list

pasoš

Prevoz

transport

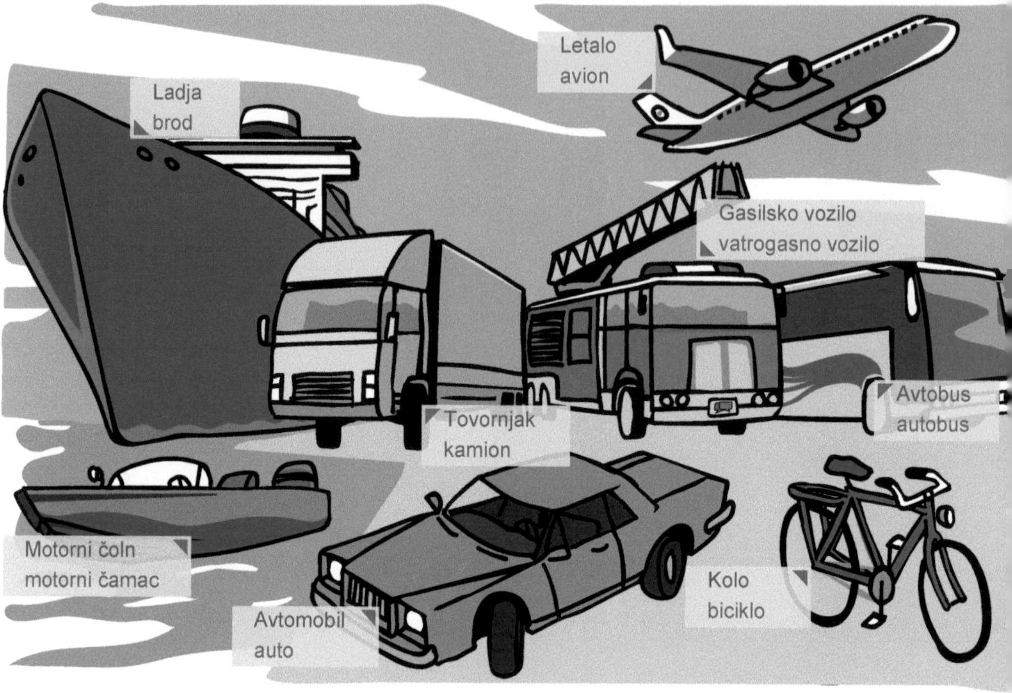

Letalo
avion
Ladja
brod
Gasilsko vozilo
vatrogasno vozilo
Avtobus
autobus
Tovornjak
kamion
Motorni čoln
motorni čamac
Kolo
biciklo
Avtomobil
auto

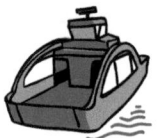

Trajekt

trajekt

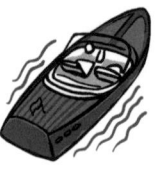

Čoln

brod

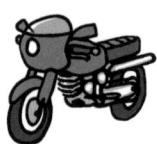

Motorno kolo

motocikl

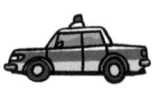

Policijski avto

policijski automobil

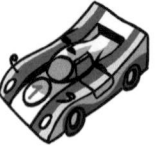

Dirkalni avto

trkaći automobil

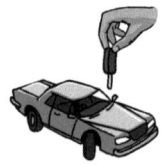

Najeto vozilo

unajmljeni automobil

Souporaba avtomobila

kar-šering

Avtovleka

pauk

Smetarsko vozilo

smećarsko vozilo

Motor

motor

Gorivo

gorivo

Bencinska postaja

benzinska pumpa

Prometni znak

saobraćajni znak

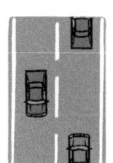

Promet

saobraćaj

Zastoj

zastoj

Parkirišče

parking

Železniška postaja

željeznička stanica

Tirnice

šine

Vlak

voz

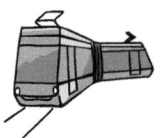

Tramvaj

tramvaj

Vagon

vagon

Helikopter	Letališče	Stolp
helikopter	aerodrom	toranj

Potnik	Kontejner	Karton
putnik	kontejner	karton

Voziček	Košara	vzleteti / pristati
tačke	korpa	poletjeti / sletjeti

Mesto
grad

Vas	Mestno jedro	Hiša
selo	centar grada	kuća

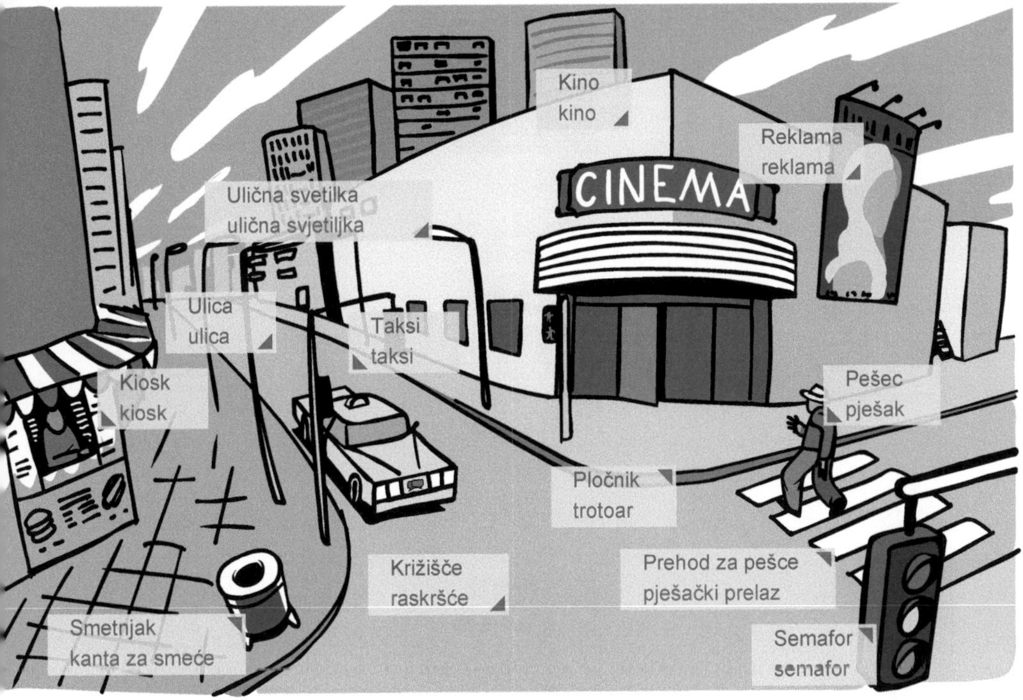

Kino
kino

Reklama
reklama

Ulična svetilka
ulična svjetiljka

Ulica
ulica

Taksi
taksi

Pešec
pješak

Kiosk
kiosk

Pločnik
trotoar

Križišče
raskršće

Prehod za pešce
pješački prelaz

Smetnjak
kanta za smeće

Semafor
semafor

Koča
koliba

Stanovanje
stan

Železniška postaja
željeznička stanica

Mestna hiša
vjećnica

Muzej
muzej

Šola
škola

Univerza

univerzitet

Banka

banka

Bolnišnica

bolnica

Hotel

hotel

Lekarna

apoteka

Pisarna

ured

Knjigarna

knjižara

Trgovina

radnja

Cvetličarna

cvjećara

Supermarket

supermarket

Tržnica

pijaca

Veleblagovnica

robna kuća

Ribarnica

prodavač ribe

Nakupovalno središče

trgovački centar

Pristanišče

luka

Park
park

Klop
klupa

Most
most

Stopnice
stepenice

Podzemna železnica
podzemna željeznica

Predor
tunel

Avtobusno postajališče
autobuska stanica

Bar
bar

Restavracija
restoran

Poštni nabiralnik
poštanski sandučić

Ulična tabla
saobraćajni znak

Parkirna ura
sat za naplatu parkinga

Živalski vrt
zološki vrt

Kopališče
bazen

Mošeja
džamija

Kmetija

seosko imanje

Onesnaževanje

zagađenje okoline

Pokopališče

groblje

Cerkev

crkva

Otroško igrišče

igralište

Tempelj

hram

Pokrajina
krajolik

List
list

Kažipot
putokaz

Pot
putokaz

Travnik
livada

Kamen
kamen

Drevo
drvo

Pohodnik
putnik

Reka
rijeka

Trava
trava

Cvetlica
cvijet

Dolina

dolina

Hrib

brdo

Jezero

jezero

Gozd

šuma

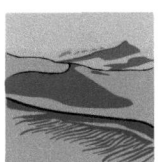

Puščava

pustinja

Vulkan

vulkan

Grad

dvorac

Mavrica

duga

Goba

gljiva

Palma

palma

Komar

komarac

Muha

muha

Mravlja

mrav

Čebela

pčela

Pajek

pauk

Hrošč
buba

Žaba
žaba

Veverica
vjeverica

Jež
jež

Zajec
zec

Sova
sova

Ptič
ptica

Labod
labud

Divji prašič
divlja svinja

Jelen
jelen

Los
los

Jez
brana

Vetrnica
vjetrenjača

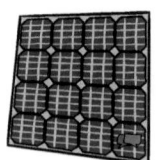

Solarna plošča
solarni modul

Podnebje
klima

Restavracija
restoran

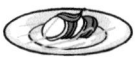

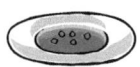

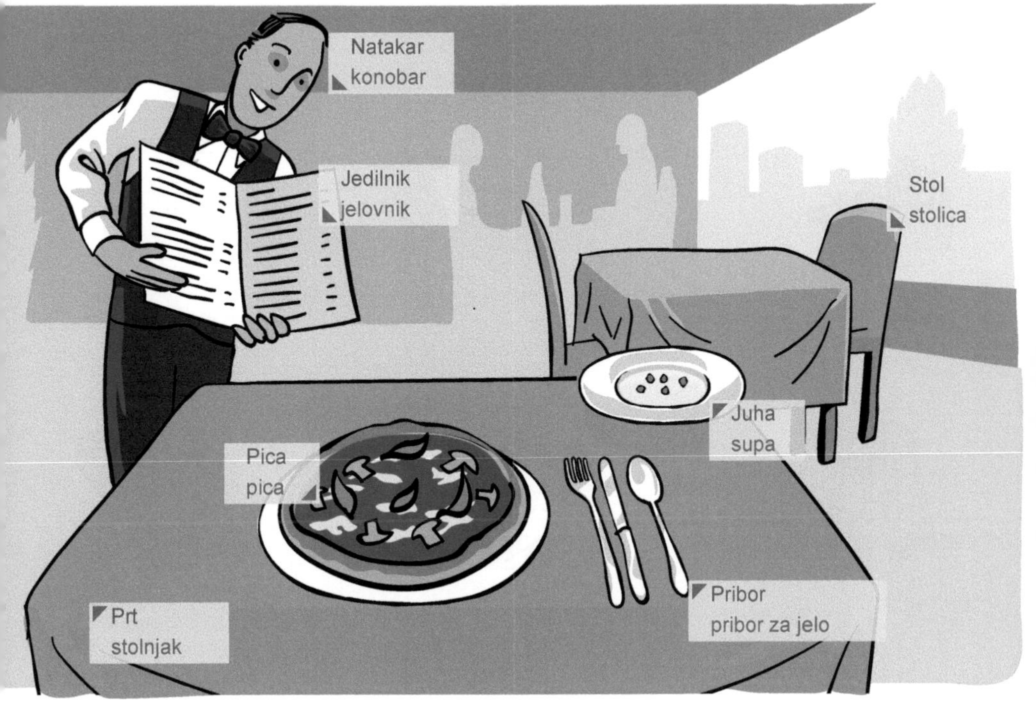

Natakar
konobar
Jedilnik
jelovnik
Stol
stolica
Juha
supa
Pica
pica
Pribor
pribor za jelo
Prt
stolnjak

Predjed

predjelo

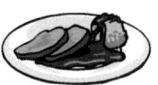

Glavna jed

glavno jelo

Sladica

desert

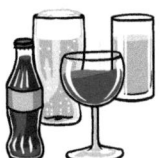

Pijače

piće

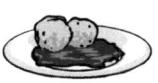

Hrana

jelo

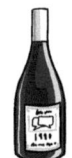

Steklenica

flaša

Hitra hrana

brza hrana

Ulična hrana

jelo sa ulice

Čajnik

čajnik

Sladkornica

šećernica

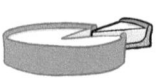

Porcija

porcija

Aparat za espresso

mašina za espreso

Stolček za hranjenje

barska stolica

Račun

račun

Pladenj

tacna

Nož

nož

Vilica

viljuška

Žlica

kašika

Čajna žlička

kašičica

Servieta

salveta

Kozarec

čaša

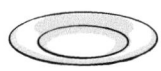

Krožnik
....
tanjir

Globoki krožnik
....
tanjir za supu

Krožniček
....
tanjurić

Omaka
....
sos

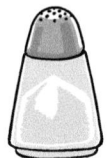

Solnica
....
solanik

Mlinček za poper
....
mlin za biber

Kis
....
sirće

Olje
....
ulje

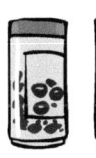

Začimbe
....
začini

Kečap
....
kečap

Gorčica
....
senf

Majoneza
....
majoneza

Supermarket
supermarket

Posebna ponudba
ponuda
FOR
Stranka
klijent
Mlečni izdelki
mliječni proizvodi
Sadje
voće
Nakupovalni voziček
kolica za kupovinu

BUTCHERS

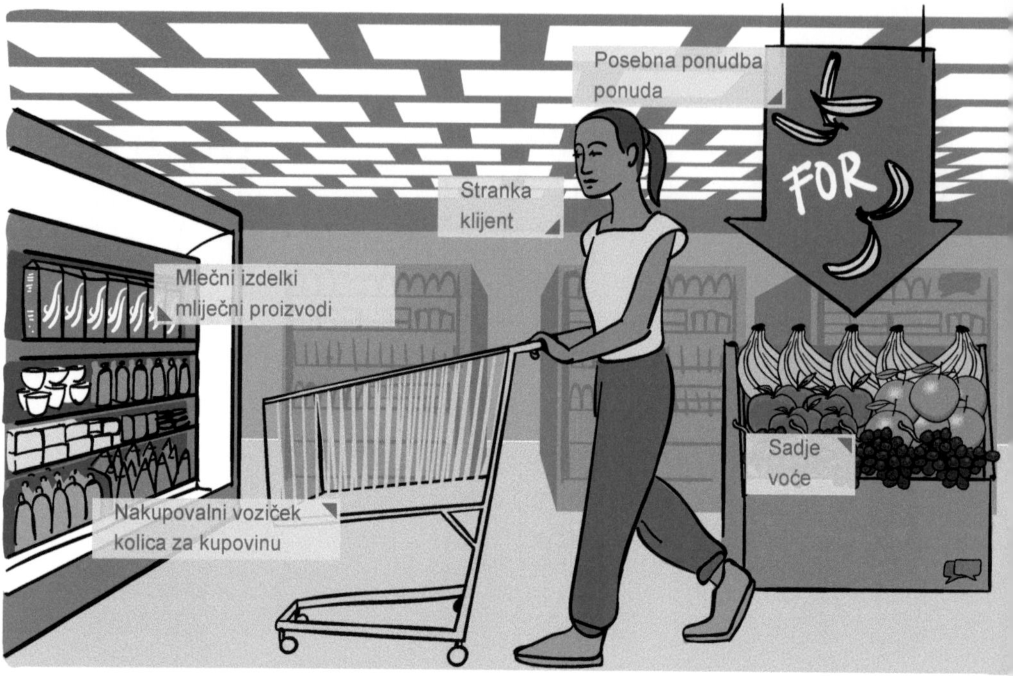

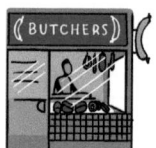

Mesnica

mesnica- klaonica

BAKERY

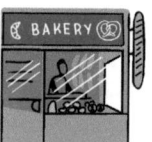

Pekarna

pekara

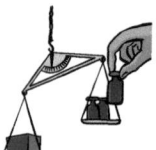

Tehtati

vagati

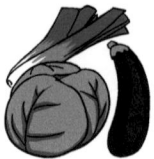

Zelenjava

povrće

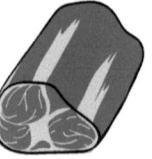

Meso

meso

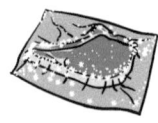

Zamrznjena hrana

zaleđena hrana

Hladne mesnine	**Konzerve**	**Pralni prašek**
narezak	konzerve	prašak za veš

Sladkarije	**Gospodinjski izdelki**	**Čistilno sredstvo**
slatkiši	kućanski proizvodi	sredstvo za čišćenje

Prodajalka	**Blagajna**	**Blagajnik**
prodavačica	kasa	blagajnik

Nakupovalni seznam	**Delovni čas**	**Denarnica**
lista za kupovinu	radno vrijeme	novčanik

Kreditna kartica	**Torba**	**Plastična vrečka**
kreditna kartica	torba	najlonska vrećica

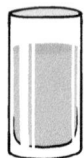		
Voda	Sok	Mleko
voda	sok	mlijeko

Kola	Vino	Pivo
kola	vino	pivo

Alkohol	Kakav	Čaj
alkohol	kakao	čaj

Kava	Espresso	Kapučino
kafa	espreso	kapućino

Banana
banana

Jabolko
jabuka

Pomaranča
narandža

Lubenica
lubenica

Limona
limun

Korenje
mrkva

Česen
bijeli luk

Bambus
bambus

Čebula
crveni luk

Goba
gljiva

Oreščki
orašasti plodovi

Rezanci
pasta

Špageti

špagete

Riž

riža

Solata

salata

Ocvrt krompirček

pomfrit

Pečen krompir

pečeni krompir

Pica

pica

Hamburger

hamburger

Sendvič

sendvič

Zrezek

šnicla

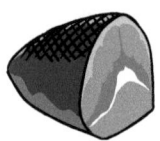

Šunka

šunka

Salama

kobasica

Klobasa

kobasica

Piščanec

kokoš

Pečenka

pečenje

Riba

riba

Ovseni kosmiči
zobene pahuljice

Musli
muzli

Koruzni kosmiči
kornfleks

Moka
brašno

Rogljiček
kroason

Žemlja
zemičke

Kruh
kruh

Prepečenec
tost

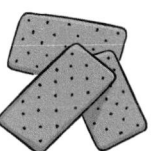

Piškoti
keksi

Maslo
maslac

Skuta
svježi sir

Torta
kolač

Jajce
jaje

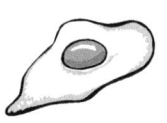

Pečeno jajce na oko
jaje na oko

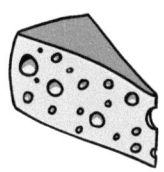

Sir
sir

Sladoled

sladoled

Sladkor

šećer

Med

med

Marmelada

marmelada

Čokoladni namaz

nugat krema

Kari

kuri

Hrana - jelo

Kmetija
seosko imanje

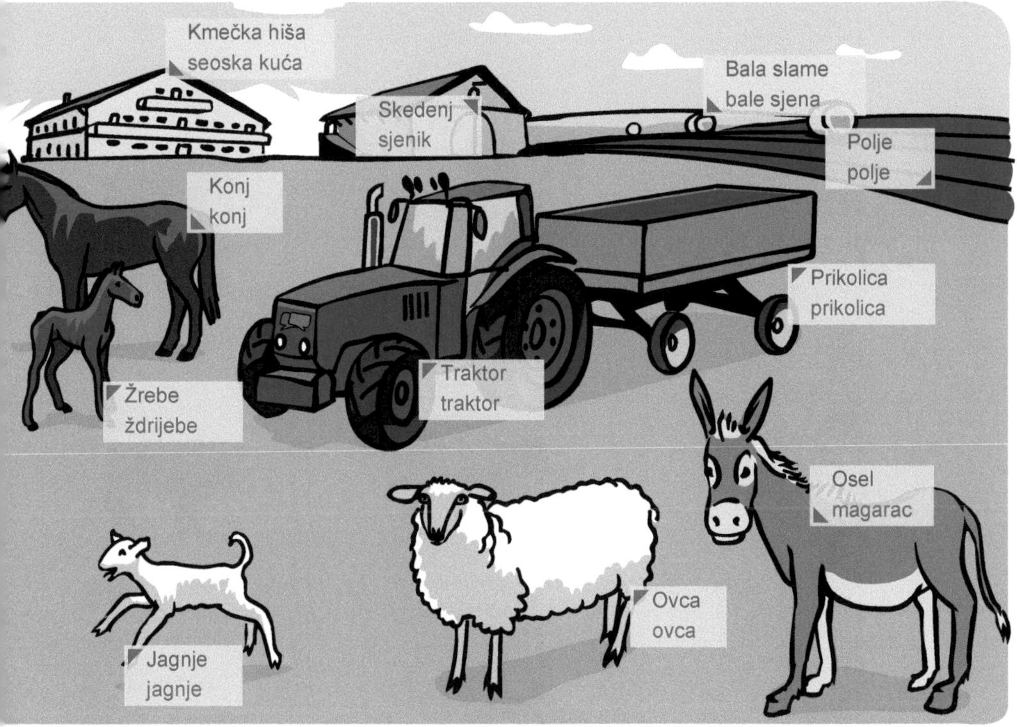
Kmečka hiša
seoska kuća
Skedenj
sjenik
Bala slame
bale sjena
Polje
polje
Konj
konj
Prikolica
prikolica
Traktor
traktor
Žrebe
ždrijebe
Osel
magarac
Ovca
ovca
Jagnje
jagnje

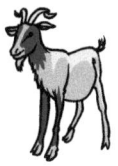

Koza
koza

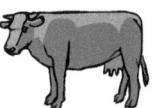

Krava
krava

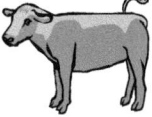

Tele
tele

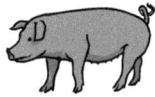

Prašič
svinja

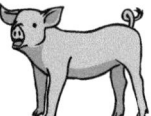

Pujsek
prase

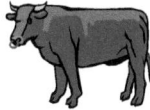

Bik
bik

Gos

guska

Raca

patka

Piščanec

pile

Kokoš

kokoška

Petelin

pjetao

Podgana

pacov

Mačka

mačka

Miš

miš

Vol

vol

Pes

pas

Pasja uta

pseća kućica

Cev za zalivanje

crijevo za baštu

Kangla za zalivanje

kanta za zalijevanje

Kosa

kosa

Plug

plug

Srp
....
srp

Motika
....
motika

Vile
....
vile

Sekira
....
sjekira

Samokolnica
....
tačke

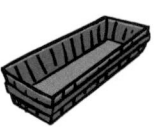

Korito
....
korito

Kangla za mleko
....
bokal za mlijeko

Vreča
....
vreća

Ograja
....
ograda

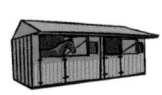

Hlev
....
štala

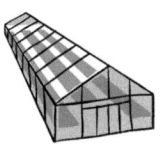

Rastlinjak
....
staklenik

Prst
....
tlo

Seme
....
sjeme

Gnojilo
....
đubrivo

Kombajn
....
kombajn

Žeti
....
kositi

Žetev
....
žetva

Jam
....
jam korijen

Pšenica
....
pšenica

Soja
....
soja

Krompir
....
krompir

Koruza
....
kukuruz

Oljna ogrščica
....
uljana repica

Sadno drevo
....
drvo voća

Maniok
....
manioka

Žito
....
žito

Hiša
kuća

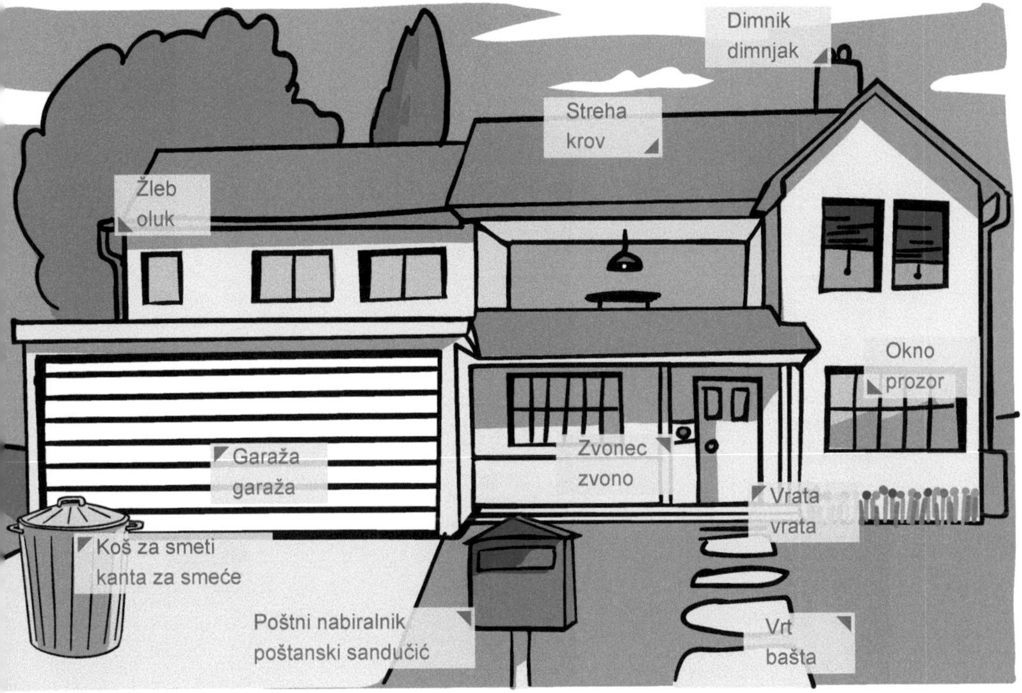
Dimnik
dimnjak
Streha
krov
Žleb
oluk
Okno
prozor
Garaža
garaža
Zvonec
zvono
Vrata
vrata
Koš za smeti
kanta za smeće
Poštni nabiralnik
poštanski sandučić
Vrt
bašta

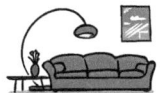

Dnevna soba

dnevni boravak

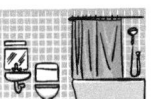

Kopalnica

kupatilo

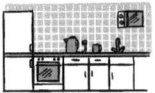

Kuhinja

kuhinja

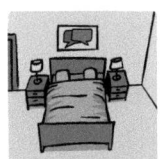

Spalnica

spavaća soba

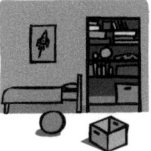

Otroška soba

dječija soba

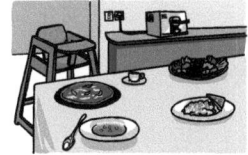

Jedilnica

trpezarija

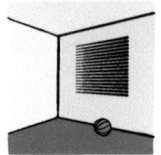

Tla

pod, tlo

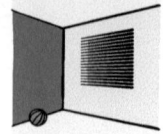

Stena

zid

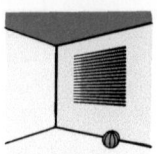

Strop

plafon

Klet

podrum

Savna

sauna

Balkon

balkon

Terasa

terasa

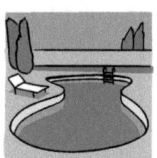

Bazen

bazen

Kosilnica

kosilica

Rjuha

posteljina

Posteljno pregrinjalo

pokrivač

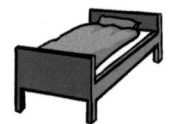

Postelja

krevet

Metla

metla

Vedro

kanta

Stikalo

prekidač

Dnevna soba
dnevni boravak

Tapeta
tapeta
Slika
fotografija
Svetilka
lampa
Polica
polica
Omara
ormar
Televizor
televizija
Kamin
dimnjak
Cvetlica
cvijet
Blazina
jastuk
Zofa
kauč
Vaza
vaza
Daljinski upravljalnik
daljinski upravljač

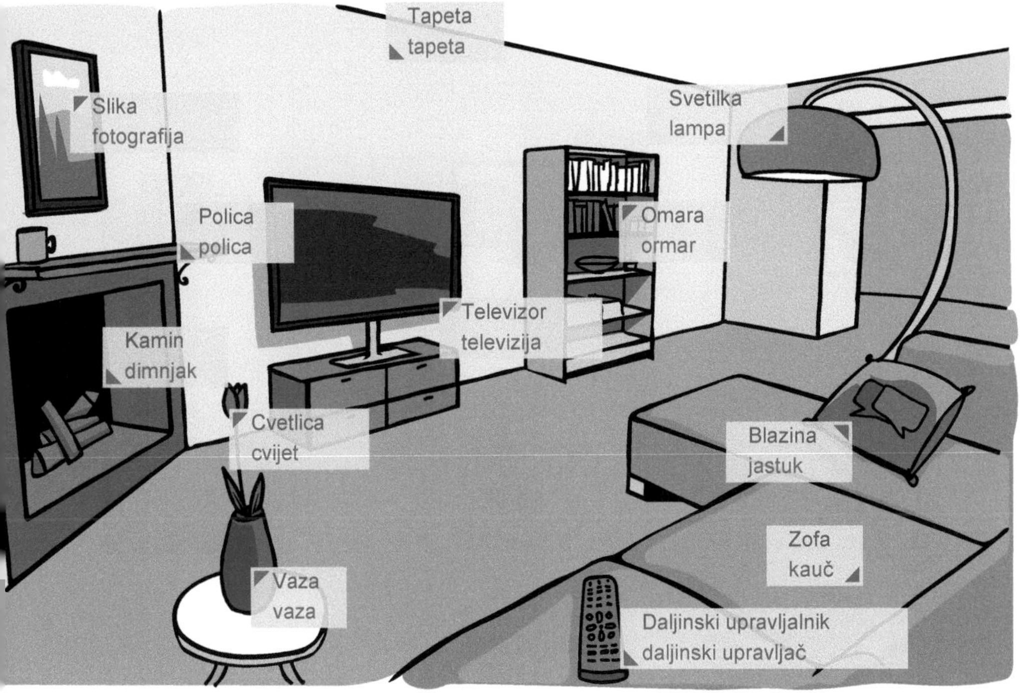

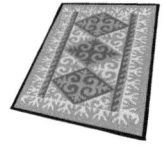

Preproga
....
tepih

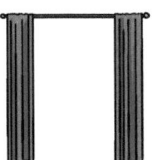

Zavesa
....
zavjesa

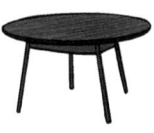

Miza
....
stol

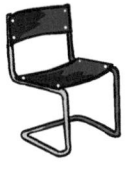

Stol
....
stolica

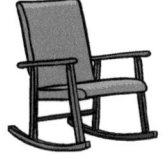

Gugalnik
....
stolica za ljuljanje

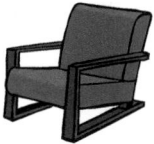

Naslanjač
....
fotelja

Knjiga

knjiga

Odeja

deka

Dekoracija

dekoracija

Drva

ložno drvo

Film

film

Glasbeni stolp

stereo uređaj

Ključ

ključ

Časopis

novine

Slika

umjetnička slika

Plakat

poster

Radio

radio

Beležka

blok za bilješke

Sesalnik

usisavač

Kaktus

kaktus

Sveča

svijeća

Kuhinja
kuhinja

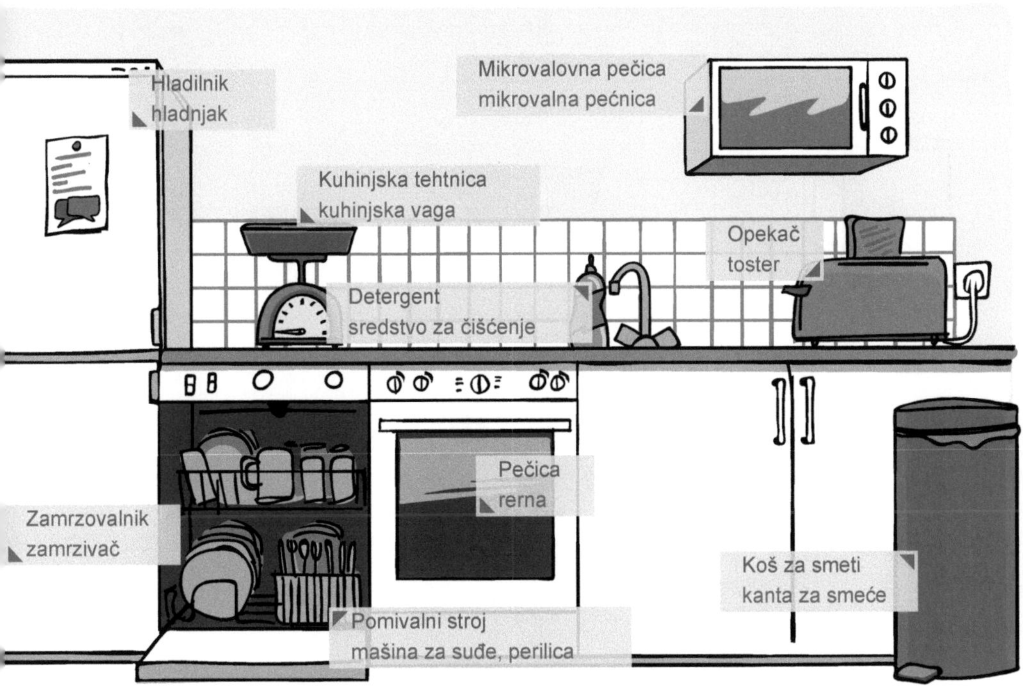

Hladilnik
hladnjak
Mikrovalovna pečica
mikrovalna pećnica
Kuhinjska tehtnica
kuhinjska vaga
Opekač
toster
Detergent
sredstvo za čišćenje
Pečica
rerna
Zamrzovalnik
zamrzivač
Koš za smeti
kanta za smeće
Pomivalni stroj
mašina za suđe, perilica

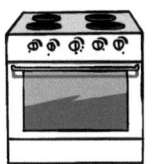

Kozica

peć

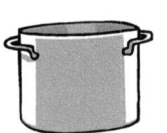

Lonec

lonac

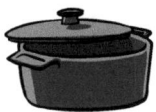

Litoželezni lonec

metalni lonac

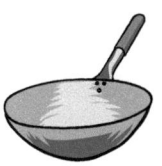

Vok / kadai

vok / kadai

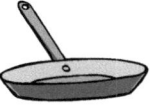

Ponev

tava, tiganj

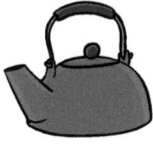

Kotliček

kuhalo

Parni kuhalnik

aparat za kuhanje na pari

Pekač

lim za pečenje

Posoda

posuđe

Skodelica

šalica

Skleda

činija

Jedilne paličice

kineski štapići

Zajemalka

kutlača

Lopatica

lopatica

Metlica

metlica za snijeg bjelanjca

Cedilnik

sito za kuhanje

Cedilo

sito

Strgalo

ribež

Možnar

avan s tučkom

Žar

roštilj

Ognjišče

ložište

Deska za rezanje

daska

Valjar

oklagija

Odpirač za steklenice

vadičep

Pločevinka

konzerva

Odpirač za konzerve

otvarač za konzerve

Prijemalka za posodo

krpe za lonac

Korito

sudoper

Ščetka

četka

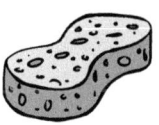

Goba

spužva

Mešalnik

mikser

Zamrzovalna skrinja

zamrzivač

Steklenička

flašica za bebu

Pipa

slavina

Kuhinja - kuhinja

Kopalnica
kupatilo

Ogrevanje
grijanje
Brisača
peškir
Prha
tuš
Zavesa za prho
zavjesa za tuš
Peneča kopel
pjenušava kupka
Kopalna kad
kada
Kozarec
čaša
Pralni stroj
mašina za veš
Pipa
slavina
Ploščice
pločice
Kahlica
dječja kahlica
Korito
sudoper

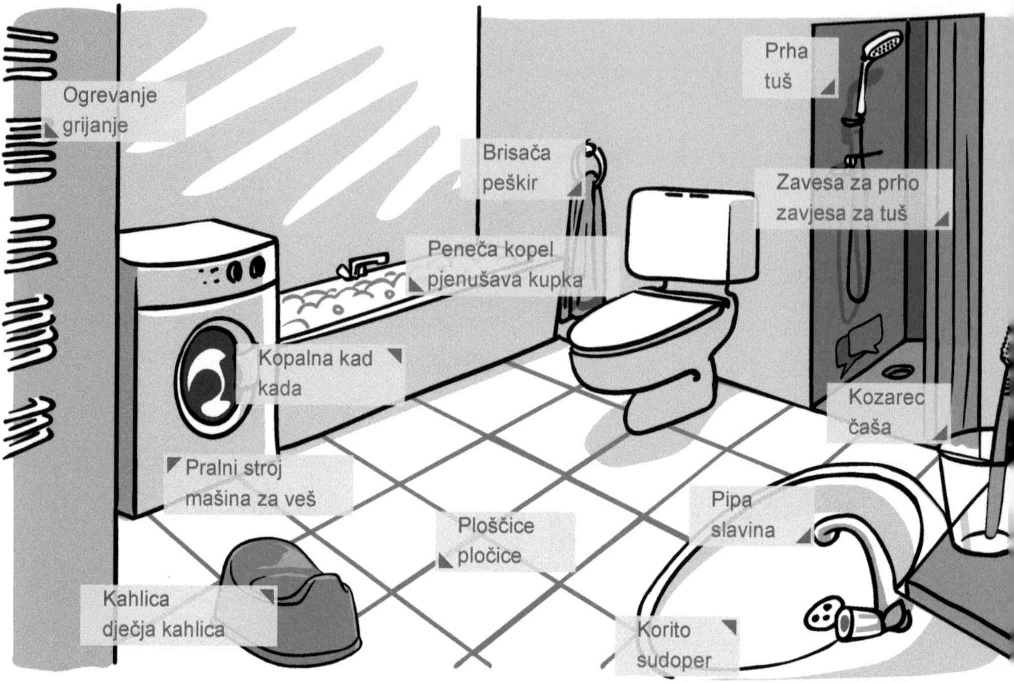

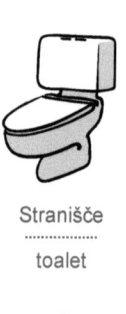

Stranišče
....
toalet

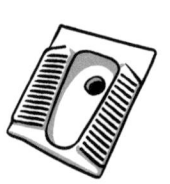

Stranišče na počep
....
čučavac

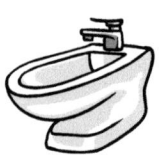

Bide
....
bide

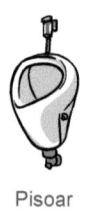

Pisoar
....
pisoar

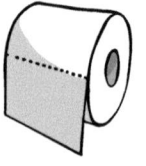

Toaletni papir
....
toalet papir

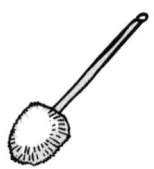

Ščetka za straniščno školjko
....
četka za wc

Zobna ščetka

četkica za zube

Zobna pasta

pasta za zube

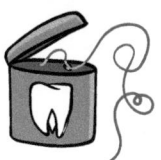

Zobna nitka

zubni konac

Umiti se

prati

Ročna prha

tuš

Prha za intimne dele

intimni tuš

Umivalnik

lavor

Krtača za hrbet

četka za leđa

Milo

sapun

Gel za prhanje

gel za tuširanje

Šampon

šampon

Krpica za miljenje

krpe za pranje

Odtok

odvod

Krema

krema

Deodorant

dezodorans

Ogledalo

ogledalo

Ročno ogledalo

ogledalo za šminkanje

Britvica

brijač

Pena za britje

pjena za brijanje

Vodica po britju

vodica poslije brijanja

Glavnik

češalj

Ščetka

četka

Sušilnik za lase

fen

Lak za lase

sprej za kosu

Ličila

puder

Šminka

karmin

Lak za nohte

lak za nokte

Vatirane blazinice

vata

Škarjice za nohte

makazice za nokte

Parfum

parfem

Toaletna torbica
....
kozmetička torbica

Stol brez naslonjala
....
hoklica

Osebna tehtnica
....
vaga

Kopalni plašč
....
kupaći ogrtač

Gumijaste rokavice
....
rukavice za čišćenje

Tampon
....
tampon

Damski vložki
....
uložak za dame

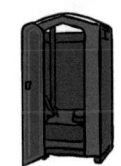

Kemično stranišče
....
hemijski toalet

Otroška soba

dječija soba

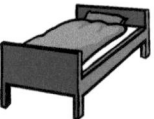

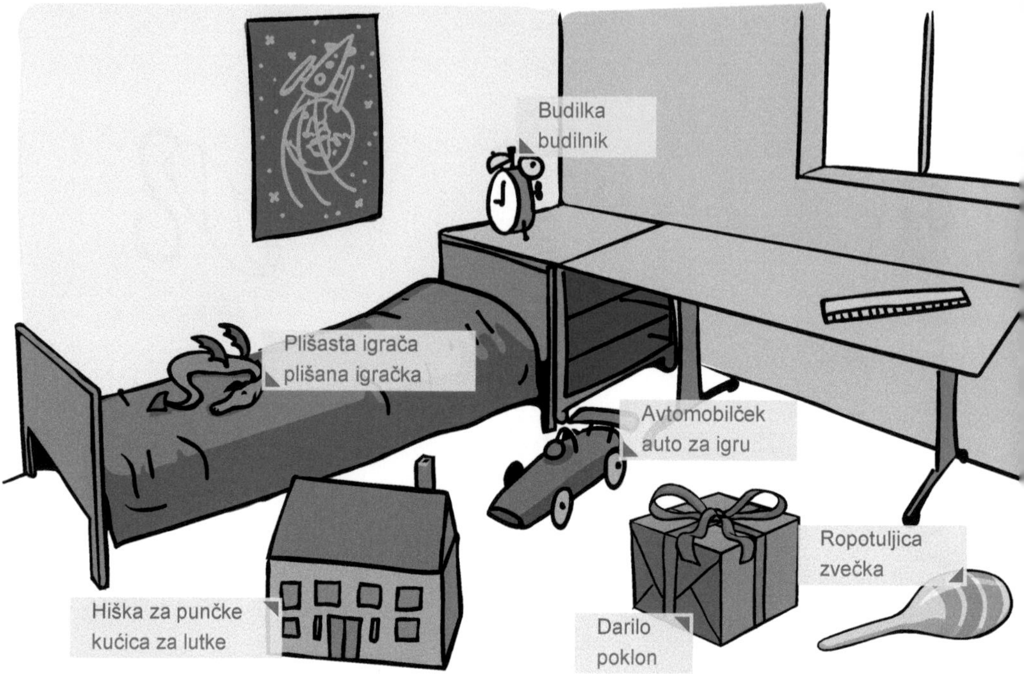
Budilka
budilnik
Plišasta igrača
plišana igračka
Avtomobilček
auto za igru
Ropotuljica
zvečka
Hiška za punčke
kućica za lutke
Darilo
poklon

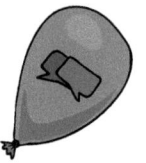

Balon

balon

Postelja

krevet

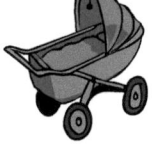

Otroški voziček

kolica za djecu

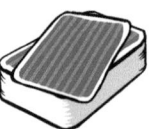

Igralne karte

karte za igranje

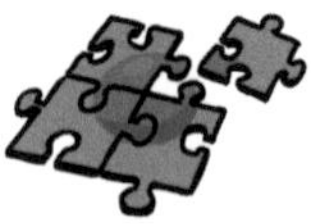

Sestavljanka

puzle

SUPER
MEGA

Strip

strip

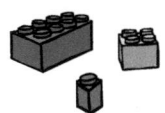

Lego kocke

lego kockice

Igralne kocke

kockice za gradnju

Akcijska figura

akcione figure

Bodi

benkica

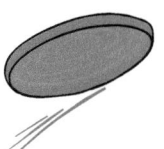

Frizbi

frizbi

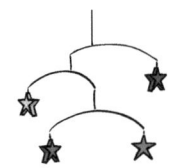

Vrtiljak za posteljico

mobile

Namizna igra

igra na ploči

Kocka

kocka

Komplet modelov vlakov

miniatura željeznice

Duda

cucla

Zabava

zabava

Slikanica

slikovnica

Žoga

lopta

Lutka

lutka

Igrati se

igrati

Peskovnik

pješćanik

Gugalnica

ljuljačka

Igrače

igračke

Igralna konzola

konzola za igru

Tricikel

triciklo

Plišasti medvedek

medvjedić

Garderoba

ormar

Oblačilo

odjeća

Nogavice

kratke čarape

Samostoječe nogavice

čarape

Hlačne nogavice

hulahopke

Šal
šal

Dežnik
kišobran

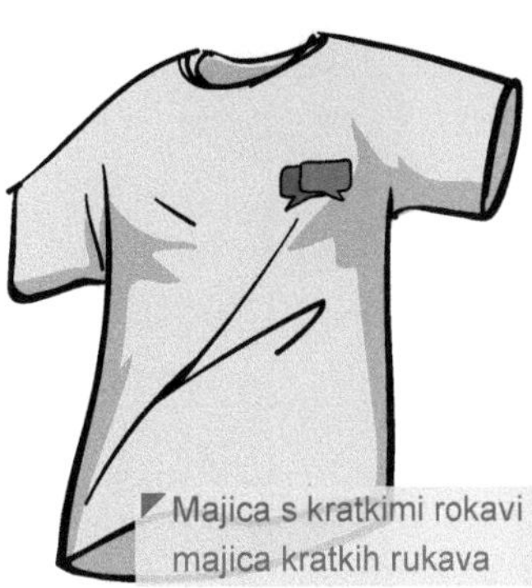

Pas
kaiš

Majica s kratkimi rokavi
majica kratkih rukava

Škornji
čizme

Copati
papuče

Športni copati
patike

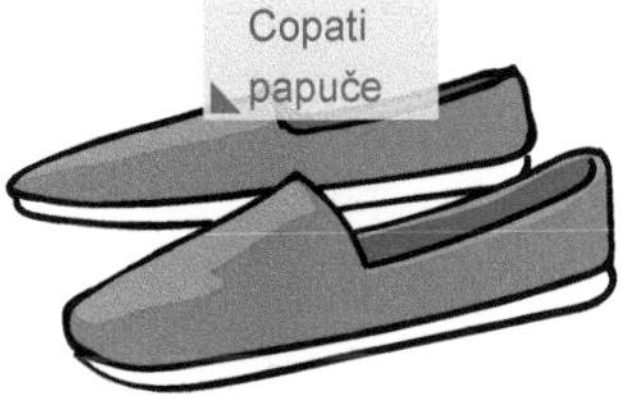

Sandali

sandale

Čevlji

cipele

Gumijasti škornji

gumene čizme

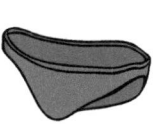

Spodnje hlače

gaće

Modrček

grudnjak

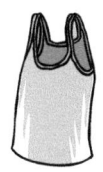

Telovnik

potkošulja

Bodi

bodi

Hlače

hlače

Kavbojke

farmerke

Krilo

suknja

Bluza

bluza

Srajca

košulja

Pulover

džemper

Pletena jopica

majica

Jopa

sako

Jakna

jakna

Plašč

mantil

Dežni plašč

kišni mantil

Kostim

kostim

Obleka

haljina

Poročna obleka

vjenčanica

Obleka
....
odijelo

Spalna srajca
....
spavaćica

Pižama
....
pidžama

Sari
....
sari

Naglavna ruta
....
marama

Turban
....
turban

Burka
....
burka

Kaftan
....
kaftan

Abaja
....
abaja

Kopalke
....
kupaći kostim

Kopalne hlače
....
kupaće gaće

Kratke hlače
....
kratke hlače

Trenirka
....
trenerka

Predpasnik
....
pregača

Rokavice
....
rukavice

Gumb

dugme

Očala

naočare

Zapestnica

narukvica

Verižica

ogrlica

Prstan

prsten

Uhan

naušnica

Kapa

kapa

Obešalnik

vješalica

Klobuk

šešir

Kravata

kravata

Zadrga

patentni zatvarač

Čelada

kaciga

Naramnice

tregeri za hlače

Šolska uniforma

školska uniforma

Uniforma

uniforma

Oblačilo - odjeća

Slinček
....
podbradak

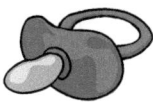

Duda
....
cucla

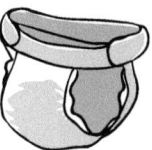

Plenica
....
pelene

Pisarna
ured

Strežnik
server

Kartotečna omara
ormar za kartoteku

Tiskalnik
štampač

Monitor
monitor

Papir
papir

Pisalna miza
pisaći sto

Miška
miš

Mapa
registrator

Tipkovnica
tastatura

Koš za smeti
korpa za papir

Stol
stolica

Računalnik
kompjuter

Lonček za kavo
....
šolja za kafu

Kalkulator
....
kalkulator

Internet
....
internet

Prenosnik

laptop

Pismo

pismo

Sporočilo

poruka

Mobilnik

mobilni telefon

Omrežje

mreža

Kopirni stroj

aparat za kopiranje

Programska oprema

softver

Telefon

telefon

Vtičnica

utičnica

Telefaks

faks

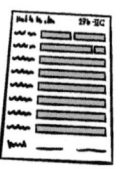

Obrazec

formular

Dokument

dokument

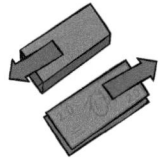

Kupiti	Plačati	Trgovati
kupovati	platiti	trgovati

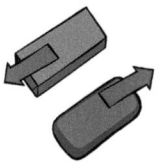

USD

EUR

Denar	Dolar	Evro
novac	dolar	euro

JPY

RUB

CHF

Jen	Rubelj	Švičarski frank
jen	rublja	franak

CNY

INR

Kitajski juan renminbi	Rupija	Bankomat
renminbi jen	rupi	bankomat

Menjalnica

mjenjačnica

Zlato

zlato

Srebro

srebro

Nafta

nafta

Energija

energija

Cena

cijena

Pogodba

ugovor

Davek

porez

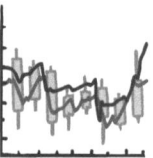

Delnice

akcija

Delati

raditi

Delojemalec

službenik

Delodajalec

poslodavac

Tovarna

fabrika

Trgovina

radnja

Poklici
zanimanja

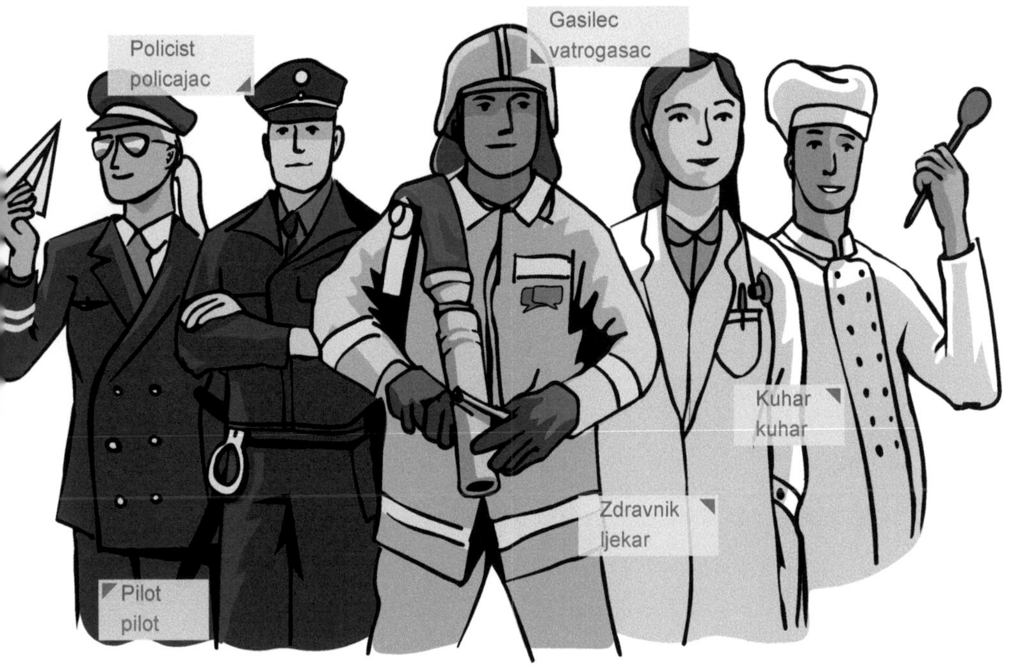

Policist
policajac
Gasilec
vatrogasac
Kuhar
kuhar
Zdravnik
ljekar
Pilot
pilot

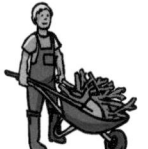

Vrtnar

baštovan

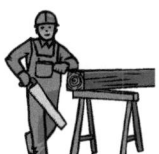

Mizar

stolar

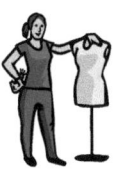

Šivilja

krojačica

Sodnik

sudija

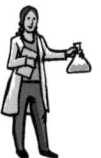

Kemik

hemičar

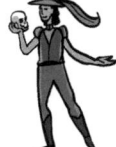

Igralec

glumac

Voznik avtobusa

vozač autobusa

Taksist

vozač taksija

Ribič

ribar

Čistilka

čistačica

Krovec

krovopokrivač

Natakar

konobar

Lovec

lovac

Pleskar

moler

Pek

pekar

Električar

električar

Gradbenik

građevinski radnik

Inženir

inženjer

Mesar

koljač

Vodovodni inštalater

limar, vodoinstalater

Poštar

poštar

Vojak	Arhitekt	Blagajnik
vojnik	arhitekta	blagajnik

Cvetličar	Frizer	Sprevodnik
cvjećar	frizer	kontrolor

Mehanik	Kapitan	Zobozdravnik
mehaničar	kapiten	zubar

Znanstvenik	Rabin	Imam
naučnik	rabin	imam

Menih	Duhovnik	
monah	sveštenik	

Orodje
alat

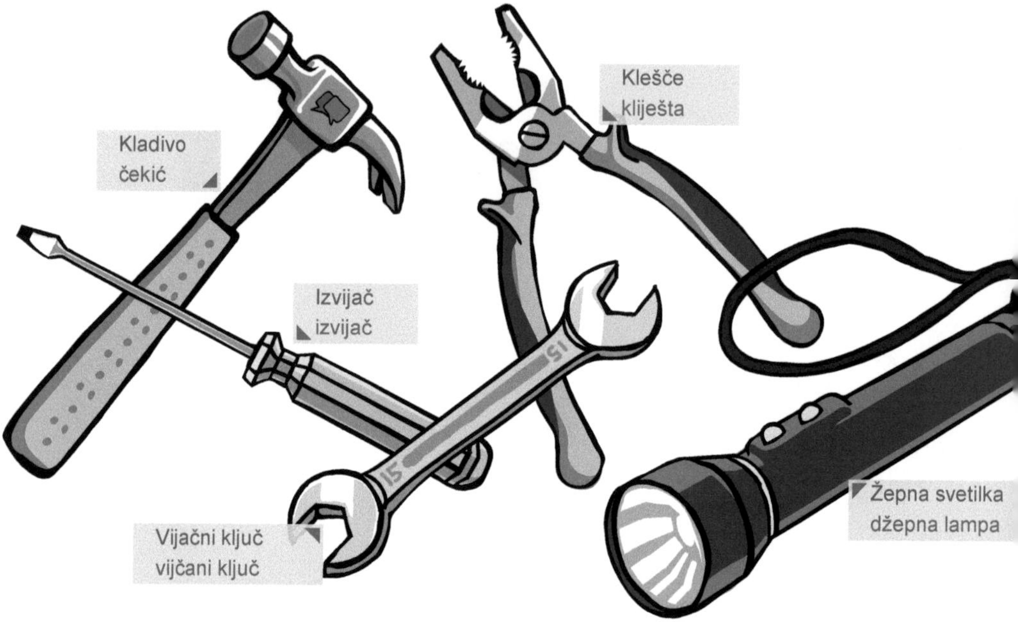

Kladivo
čekić
Klešče
kliješta
Izvijač
izvijač
Vijačni ključ
vijčani ključ
Žepna svetilka
džepna lampa

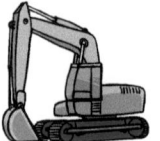

Bager
bager

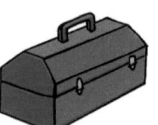

Zaboj z orodjem
kutija sa alatom

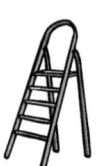

Lestev
ljestve

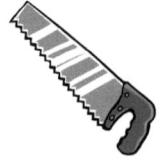

Žaga
testera, pila

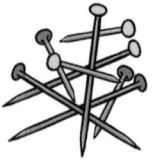

Žeblji
ekser

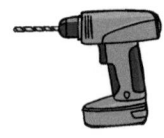

Vrtalnik
bušilica

Popraviti

popraviti

Lopata

lopata

Šment!

sranje!

Smetišnica

lopatica

Posoda z barvo

kanta boje

Vijaki

vijak

Glasbeni instrument
muzički instrumenti

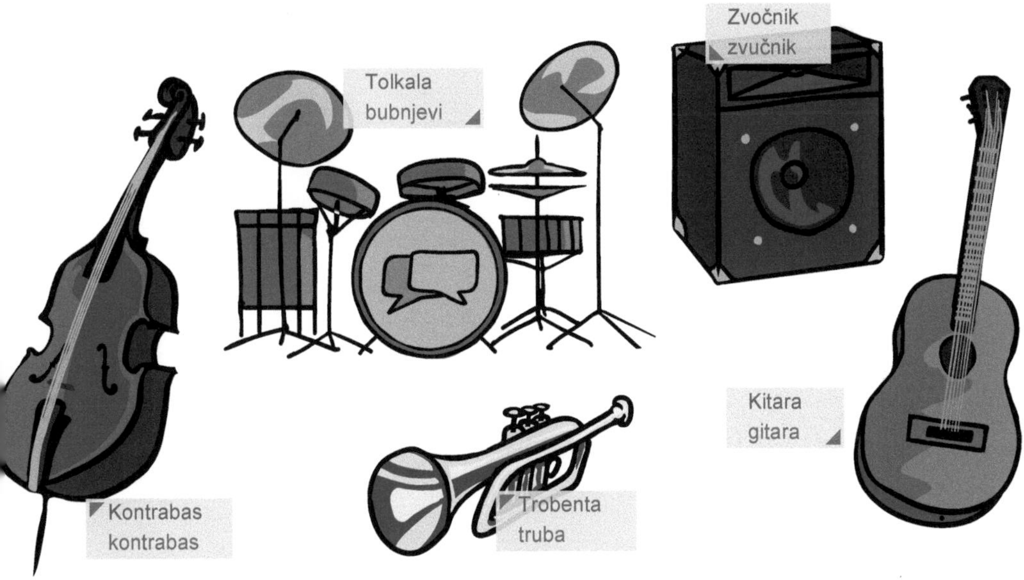

Zvočnik
zvučnik

Tolkala
bubnjevi

Kontrabas
kontrabas

Trobenta
truba

Kitara
gitara

Klavir

klavir

Violina

violina

Bas kitara

bas

Pavke

bubanj timpani

Bobni

bubanj

Sintetizator

sintisajzer

Saksofon

saksofon

Flavta

flauta

Mikrofon

mikrofon

Glasbeni instrument - muzički instrumenti

Živalski vrt
zološki vrt

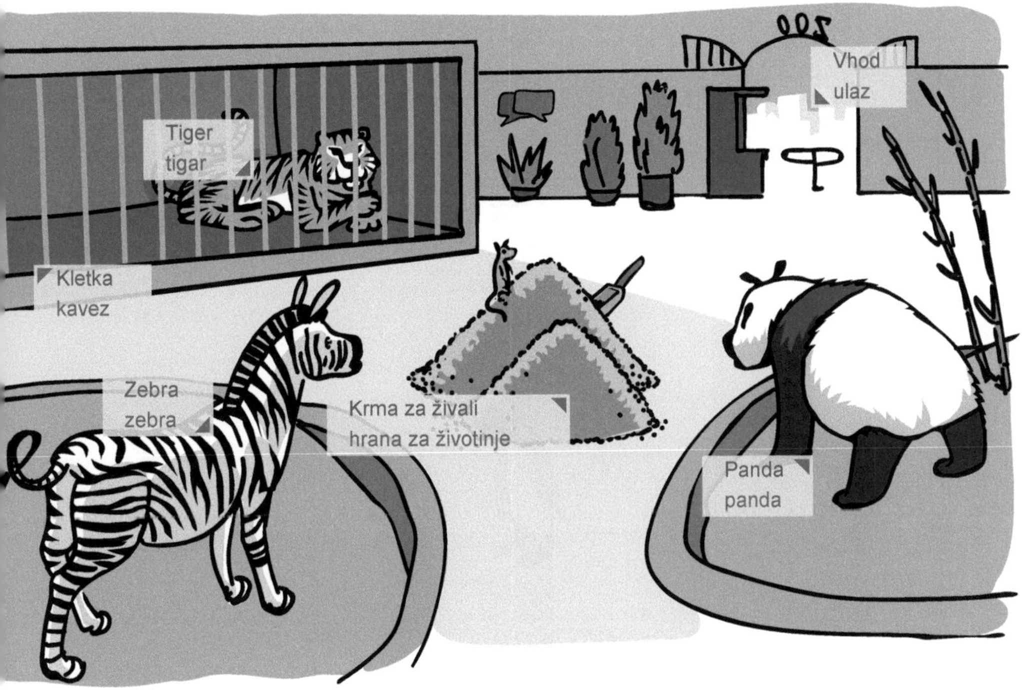
Vhod
ulaz
Tiger
tigar
Kletka
kavez
Zebra
zebra
Krma za živali
hrana za životinje
Panda
panda

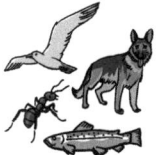

Živali
životinje

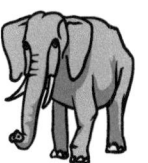

Slon
slon

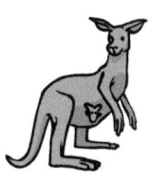

Kenguru
kengur

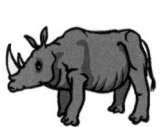

Nosorog
nosorog

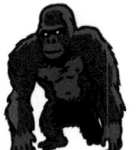

Gorila
gorila

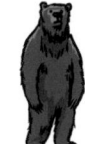

Medved
medvjed

Kamela

kamila

Noj

noj

Lev

lav

Opica

majmun

Plamenec

flamingo

Papagaj

papagaj

Severni medved

polarni medvjed

Pingvin

pingvin

Morski pes

morski pas

Pav

paun

Kača

zmija

Krokodil

krokodil

Oskrbnik v živalskem vrtu

čuvar u zološkom vrtu

Tjulenj

tuljan

Jaguar

jaguar

Živalski vrt - zološki vrt

Poni

poni

Leopard

leopard

Povodni konj

nilski konj

Žirafa

žirafa

Orel

orao

Divji prašič

divlja svinja

Riba

riba

Želva

kornjača

Mrož

morž

Lisica

lisica

Gazela

gazela

Ameriški nogomet
američki fudbal

Kolesarjenje
vožnja bicikla

Tenis
tenis

Košarka
košarka

Plavanje
plivanje

Boks
boks

Hokej
hokej na ledu

Nogomet
fudbal

Badminton
bedminton

Atletika
laka atletika

Rokomet
rukomet

Smučanje
skijanje

Polo
polo

Dejavnosti
aktivnosti

Smejati se
smijati se
Skočiti
skakati
Objeti
zagrliti
Hoditi
ići
Peti
pjevati
Sanjati
sanjati
Moliti
moliti
Poljubiti
ljubiti

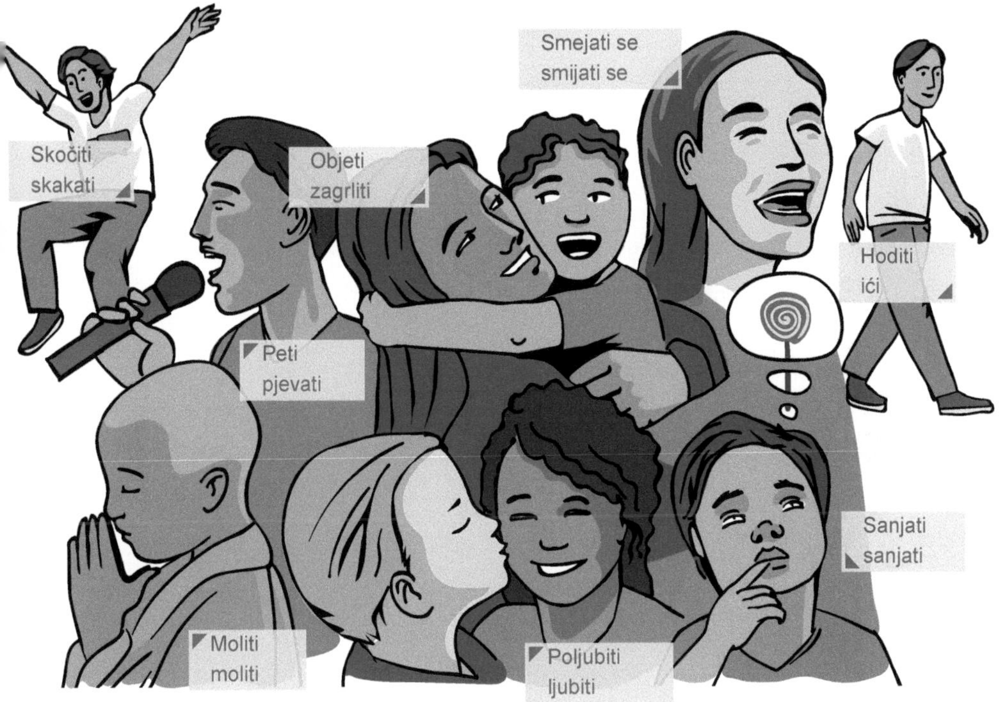

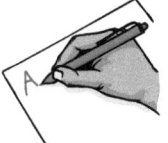

Pisati

pisati

Risati

crtati

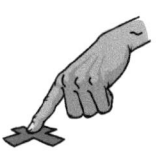

Pokazati

pokazati

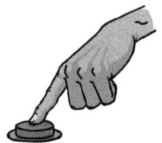

Potisniti

gurati

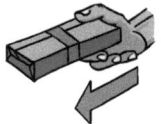

Dati

dati

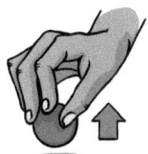

Vzeti

uzeti

Imeti

imati

Narediti

raditi

Biti

biti

Stati

stajati

Teči

trčati

Vleči

vući

Vreči

baciti

Pasti

pasti

Ležati

ležati

Čakati

čekati

Nositi

nositi

Sedeti

sjediti

Obleči se

obući

Spati

spavati

Zbuditi se

probuditi

Gledati
....
pogledati

Jokati
....
plakati

Božati
....
milovati

Česati se
....
češljati

Govoriti
....
govoriti

Razumeti
....
razumjeti

Vprašati
....
pitati

Poslušati
....
slušati

Piti
....
piti

Jesti
....
jesti

Pospraviti
....
pospremiti

Ljubiti
....
voljeti

Kuhati
....
kuhati

Voziti
....
voziti

Leteti
....
letjeti

Jadrati

jedriti

Računanje

računati

Brati

čitati

Učiti se

učiti

Delati

raditi

Poročiti se

vjenčavti

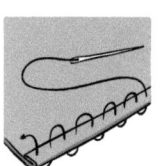

Šivati

šiti

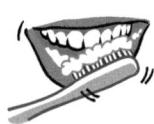

Ščetkati si zobe

prati zube

Ubiti

ubiti

Kaditi

pušiti

Poslati

slati

Družina
porodica

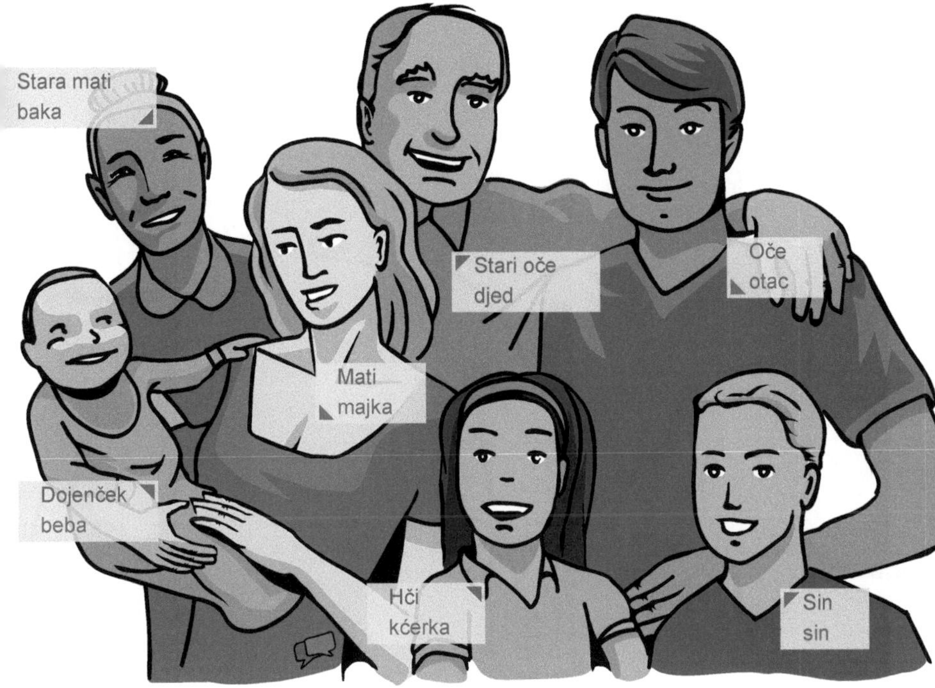
Stara mati
baka
Stari oče
djed
Oče
otac
Mati
majka
Dojenček
beba
Hči
kćerka
Sin
sin

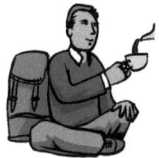

Gost
gost

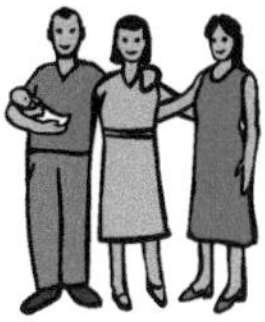

Teta
ujna, tetka, strina

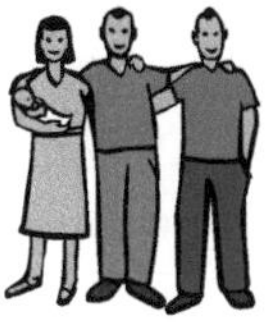

Stric
ujak, tetak, stric

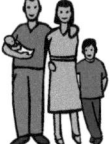

Brat
brat

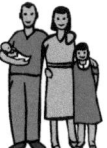

Sestra
sestra

Telo
tijelo

Čelo
čelo
Oko
oko
Rama
leđa
Prst
prst
Obraz
lice
Brada
brada
Dlan
ruka, šaka
Noga
noga
Prsi
grudi
Roka
ruka

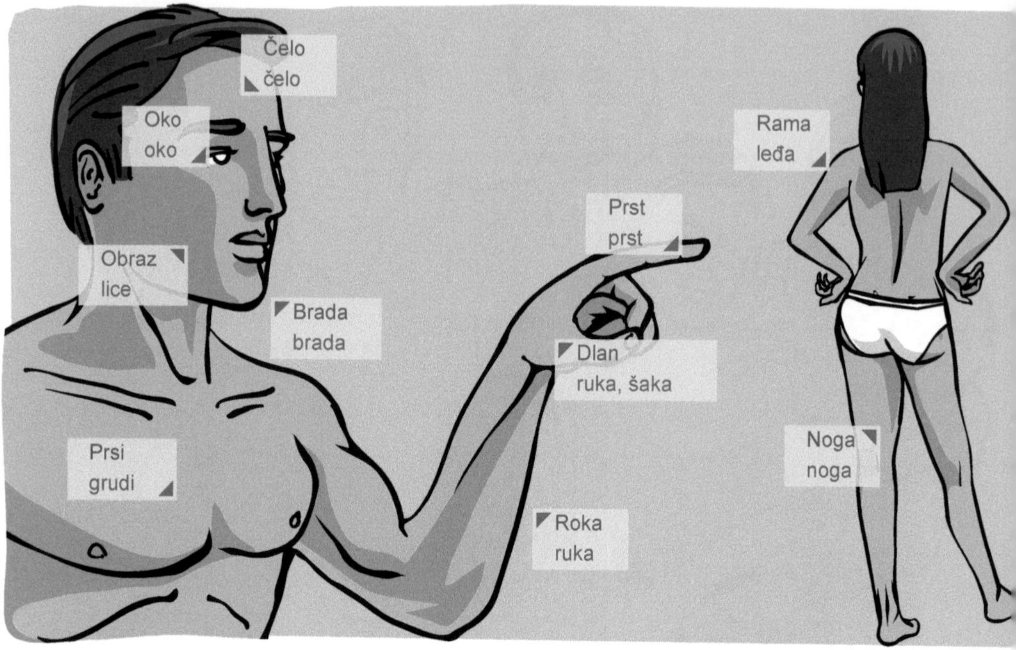

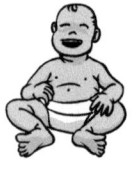

Dojenček
beba

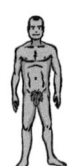

Človek
muškarac

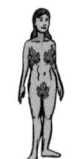

Ženska
žena

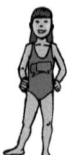

Dekle
djevojčica

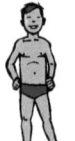

Fant
dječak

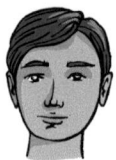

Glava
glava

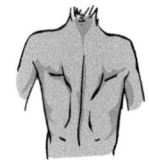

Hrbet

leđa

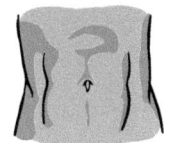

Trebuh

stomak

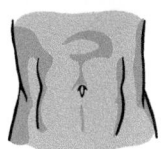

Popek

pupak

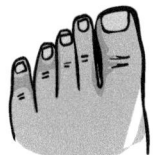

Prst na nogi

nožni prst

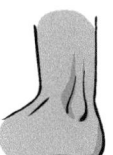

Peta

peta

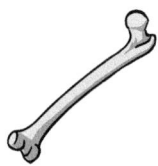

Kost

kosti

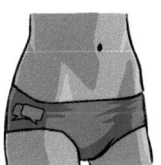

Kolk

kuk

Koleno

koljeno

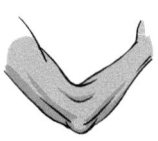

Komolec

lakat

Nos

nos

Zadnjica

stražnjica

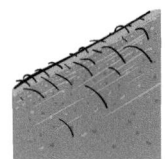

Koža

koža

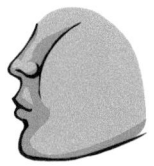

Lice

obraz

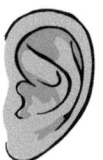

Uho

uho

Ustnica

usna

Usta

usta

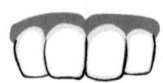

Zob

zub

Jezik

jezik

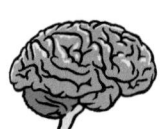

Možgani

mozak

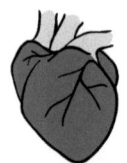

Srce

srce

Mišica

mišić

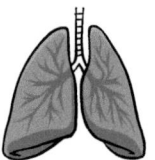

Pljuča

pluća

Jetra

jetra

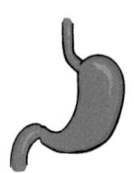

Želodec

želudac

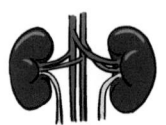

Ledvice

bubreg

Spolni odnos

spolni odnos

Kondom

kondom

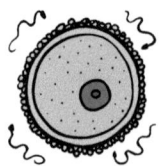

Jajčece

jajna ćelija

Semenska tekočina

sperma

Nosečnost

trudnoća

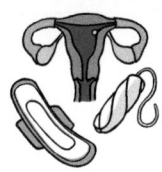

Menstruacija

menstruacija

Vagina

vagina

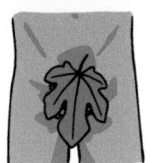

Penis

penis

Obrv

obrva

Lasje

kosa

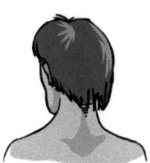

Vrat

vrat

Bolnišnica
bolnica

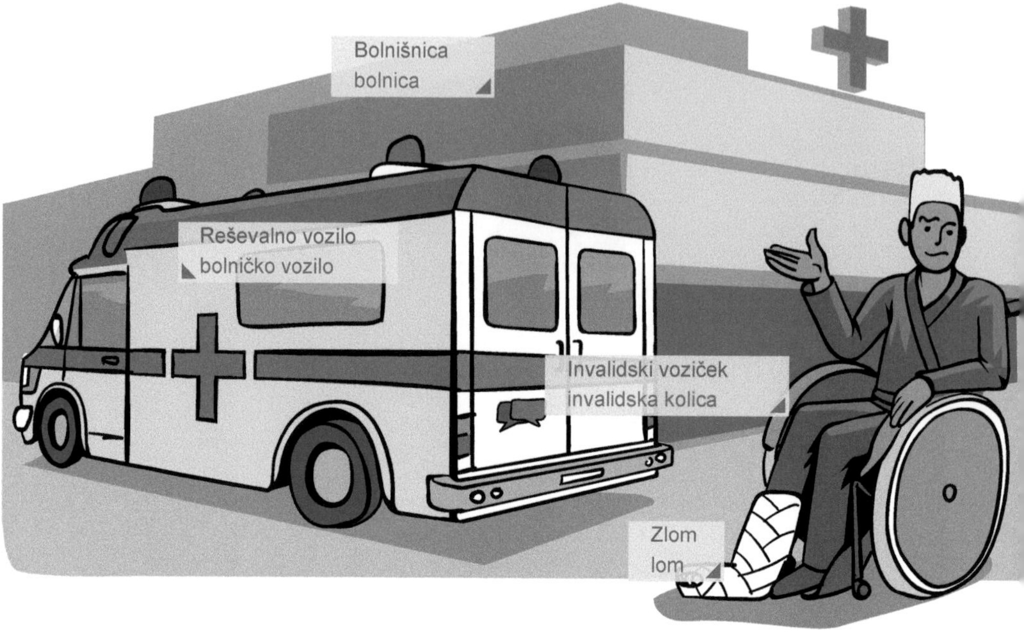

Bolnišnica
bolnica
Reševalno vozilo
bolničko vozilo
Invalidski voziček
invalidska kolica
Zlom
lom

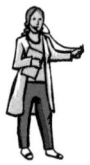

Zdravnik
ljekar

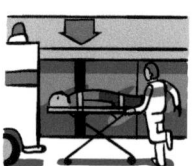

Urgenca
hitna služba

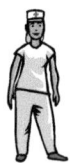

Medicinska sestra
medicinska sestra

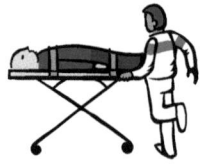

Nujni primer
hitna pomoć

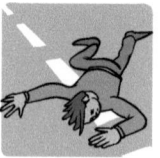

Nezavesten
nesvjest

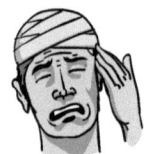

Bolečina
bol

Poškodba

povreda

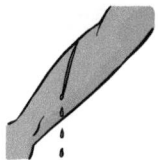

Krvavenje

krvarenje

Srčni infarkt

srčani udar, infarkt

Kap

moždani udar

Alergija

alergija

Kašelj

kašalj

Vročina

groznica

Gripa

gripa

Driska

proljev

Glavobol

glavobolja

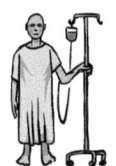

Rak

rak

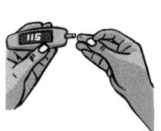

Sladkorna bolezen

dijabetes

Kirurg

hirurg

Skalpel

skalpel

Operacija

operacija

CT
CT

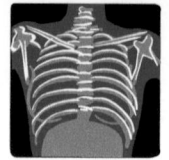

Rentgen
rendgen

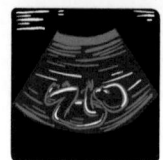

Ultrazvok
ultrazvuk

Obrazna maska
maska

Bolezen
bolest

Čakalnica
čekaonica

Bergla
štake

Obliž
flaster

Preveza
zavoj

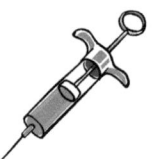

Injekcija
injekcija

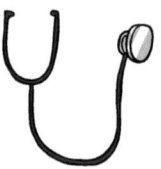

Stetoskop
stetoskop

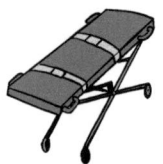

Nosila
nosilo

Klinični termometer
termometar

Porod
porod

Prekomerna teža
prekomjerna težina, debljina

Slušni pripomoček	Razkužilo	Okužba
slušni aparat	sredstvo za dezinfekciju	infekcija

Virus	HIV / AIDS	Medicina
virus	HIV/ AIDS	medicina
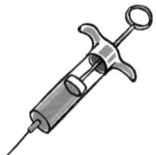	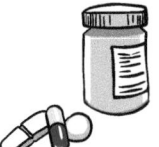	
Cepljenje	Tablete	Tableta
vakcinacija	tablete	pilula

Klic v sili	Merilnik krvnega tlaka	bolano / zdravo
hitni poziv	aparat za mjerenje pritiska	bolestan / zdrav

Na pomoč!

Upomoć!

Alarm

alarm

Napad

napad, prepad

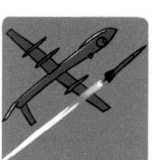

Napad

napad

Nevarnost

opasnost

Izhod v sili

izlaz u slučaju opasnosti

Gori!

Požar!

Gasilni aparat

vatrogasni aparat

Nezgoda

nezgoda

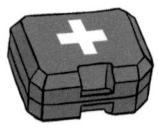

Komplet za prvo pomoč

torba prve pomoći

SOS

SOS

Policija

policija

Evropa

Europa

Severna Amerika

Sjeverna Amerika

Južna Amerika

Južna Amerika

Afrika

Afrika

Azija

Azija

Avstralija

Australija

Atlantski ocean

Atlantik

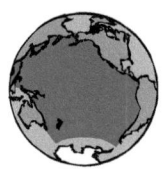

Tihi ocean

Pacifik

Indijski ocean

Indijski okean

Južni ocean

Antarktički okean

Arktični ocean

Arktički okean

Severni tečaj

Sjeverni pol

Južni tečaj
....
Južni pol

Antarktika
....
Antarktik

Zemlja
....
Zemlja

Kopno
....
zemlja

Morje
....
more

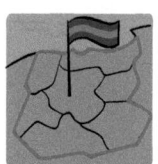

Otok
....
ostrvo

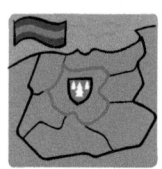

Narod
....
nacija

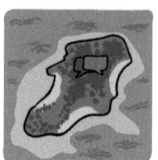

Država
....
država

Številčnica

brojčanik sata

Urni kazalec

kazaljka sata

Minutni kazalec

kazaljka minute

Sekundni kazalec

kazaljka sekunde

Koliko je ura?

Koliko je sati?

Dan

dan

Čas

vrijeme

Zdaj

sada

Digitalna ura

digitalni sat

Minuta

minuta

Ura

sat

Teden
sedmica, nedjelja

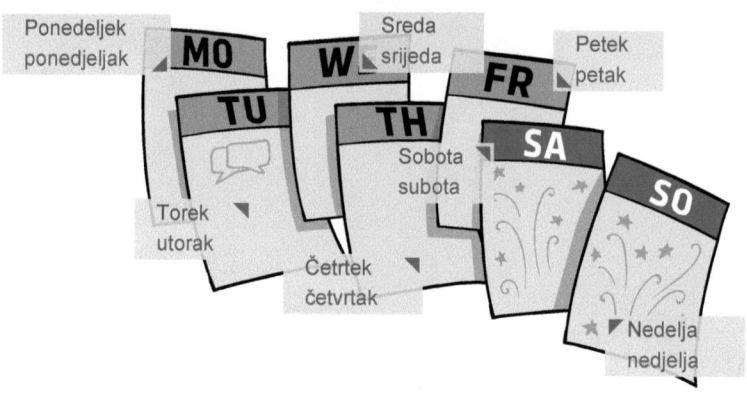

Ponedeljek
ponedjeljak

Sreda
srijeda

Petek
petak

Torek
utorak

Sobota
subota

Četrtek
četvrtak

Nedelja
nedjelja

Včeraj
....
juče

Danes
....
danas

Jutri
....
sutra

Jutro
....
jutro

Poldne
....
podne

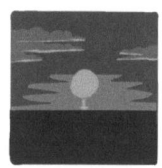

Večer
....
veče

MO	TU	WE	TH	FR	SA	SU
1	2	3	4	5	6	7
8	9	10	11	12	13	14
15	16	17	18	19	20	21
22	23	24	25	26	27	28
29	30	31	1	2	3	4

Delovni dnevi
....
radni dani

MO	TU	WE	TH	FR	SA	SU
1	2	3	4	5	6	7
8	9	10	11	12	13	14
15	16	17	18	19	20	21
22	23	24	25	26	27	28
29	30	31	1	2	3	4

Konec tedna
....
vikend

Leto
godina

Dež
kiša
Mavrica
duga
Veter
vjetar
Sneg
snijeg
Pomlad
proljeće
Jesen
jesen
Poletje
ljeto
Zima
zima

4.APRIL 11°
5.APRIL 4°
6.APRIL 13°
7.APRIL 8°
8.APRIL 10°

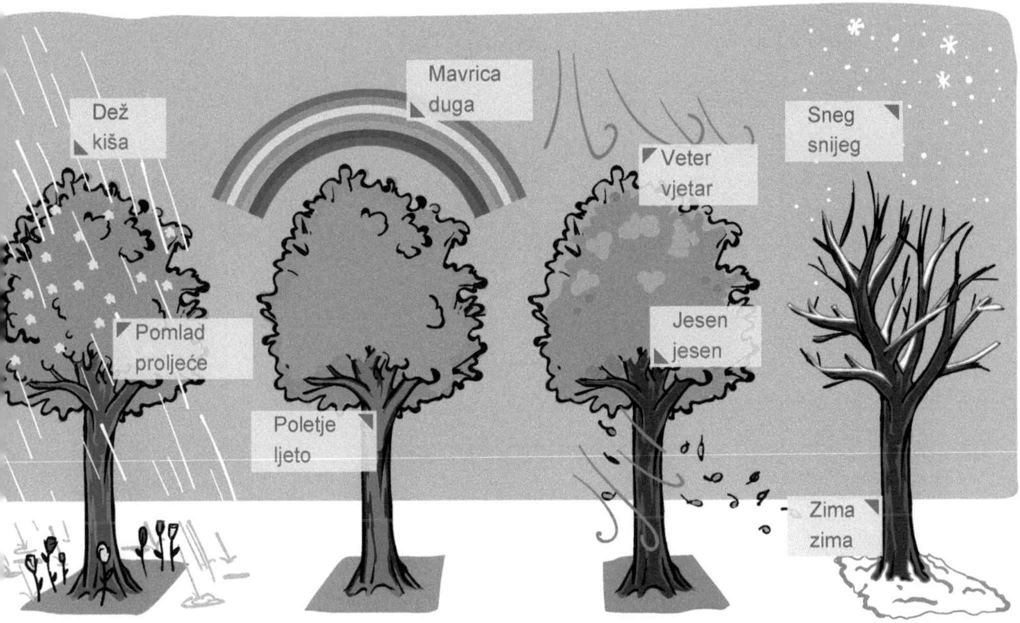

Vremenska napoved
....
prognoza vremena

F C
120 40
90 30
60 20
30 10
0 0
-30 -10
-20

Termometer
....
termometar

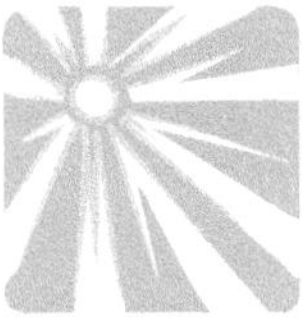

Sončna svetloba
....
sunčev sjaj

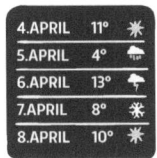

Oblak
....
oblak

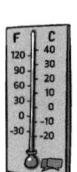

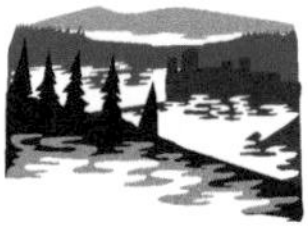

Megla
....
magla

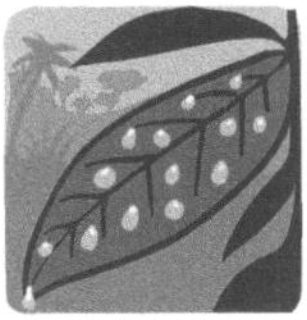

Vlažnost
....
vlažnost vazduha

Strela

munja

Grom

grom

Nevihta

oluja

Toča

tuča, led

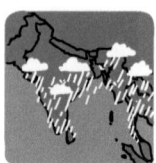

Monsun

monsun

Poplava

poplava

Led

led

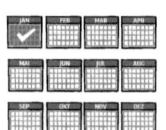

Januar

januar

Februar

februar

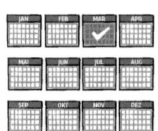

Marec

mart

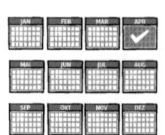

April

april

Maj

maj

Junij

juni

Julij

juli

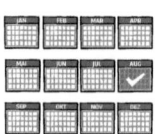

Avgust

avgust

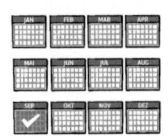

September
septembar

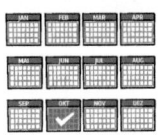

Oktober
oktobar

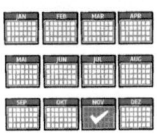

November
novembar

December
decembar

Oblike
oblici

Krogla
krug

Kvadrat
kvadrat

Pravokotnik
pravougao

Trikotnik
trougao

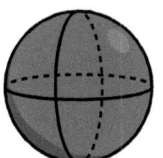

Krogla
kugla

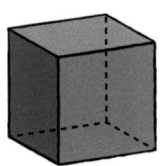

Kocka
kocka

Bela

bjel

Rumena

žut

Oranžna

narandžast

Rožnata

pink

Rdeča

crven

Vijolična

ljubičast

Modra

plav

Zelena

zelen

Rjava

smeđ

Siva

siv

Črna

crn

veliko / malo
malo / mnogo

jezno / umirjeno
ljutit / miran

lepo / grdo
lijep / ružan

začetek / konec
početak / kraj

veliko / majhno
veliki / mali

svetlo / temno
svijetlo / tamno

brat / sestra
brat / sestra

čisto / umazano
čist / prljav

popolno / nepopolno
potpun / nepotpun

dan / noč
dan / noć

mrtvo / živo
mrtav / živ

široko / ozko
široko / usko

užitno / neužitno
....
ukusno / neukusno

zlobno / prijazno
....
zao / prijatan

vznemirjeno / zdolgočaseno
....
uzbuđen / dosadan

debelo / vitko
....
debeo / mršav

prvo / zadnje
....
najprije / najkasnije

prijatelj / sovražnik
....
prijatelj / neprijatelj

polno / prazno
....
pun / prazan

trdo / mehko
....
trvd / mekan

težko / lahko
....
težak / lagan

lakota / žeja
....
glad / žeđ

bolano / zdravo
....
bolestan / zdrav

nezakonito / zakonito
....
ilegalan / legalan

pametno / neumno
....
inteligentan / glup

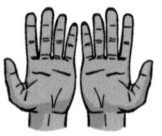

levo / desno
....
lijevo / desno

blizu / daleč
....
blizu / daleko

Nasprotja - suprotnosti

novo / rabljeno

nov / polovan

nič / nekaj

ništa / nešto

staro / mlado

star / mlad

vklopljeno / izklopljeno

uključeno / isključeno

odprto / zaprto

otvoreno / zatvoreno

tiho / glasno

tiho / glasno

bogato / revno

bogat / siromašan

prav / narobe

tačno / pogrešno

grobo / gladko

hrapav / glatak

žalostno / veselo

tužan / srećan

kratko / dolgo

kratak / dug

počasi / hitro

spor / brz

mokro / suho

mokro / suho

toplo / hladno

toplo / hladno

vojna / mir

rat / mir

0	**1**	**2**
Ničla	Ena	Dva
nula	jedan	dva

3	**4**	**5**
Tri	Štiri	Pet
tri	četiri	pet

6	**7**	**8**
Šest	Sedem	Osem
šest	sedam	osam

9	**10**	**11**
Devet	Deset	Enajst
devet	deset	jedanaest

12

Dvanajst
dvanaest

13

Trinajst
trinaest

14

Štirinajst
četrnaest

15

Petnajst
petnaest

16

Šestnajst
šesnaest

17

Sedemnajst
sedamnaest

18

Osemnajst
osamnaest

19

Devetnajst
devetnaest

20

Dvajset
dvadeset

100

Sto
sto

1.000

Tisoč
hiljada

1.000.000

Milijon
milion

Angleščina

engleski

Ameriška angleščina

američki engleski

Mandarinščina

kinesko mandarinski

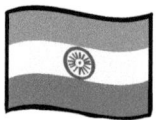

Hindujščina

hindi

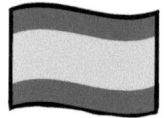

Španščina

španski

Francoščina

francuski

Arabščina

arapski

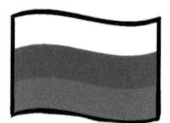

Ruščina

ruski

Portugalščina

portugalski

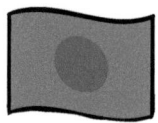

Bengalščina

bengalski

Nemščina

njemački

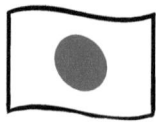

Japonščina

japanski

Jaz

ja

Ti

ti

On / ona / tisto

on / ona / ono

Mi

mi

Vi

vi

Oni

oni

Kdo?

ko?

Kaj?

šta?

Kako?

kako?

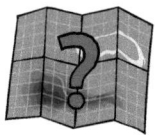

Kje?

gdje?

Kdaj?

kada?

Ime

ime

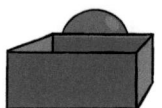

Zadaj

iza

V

u

Pred

pred

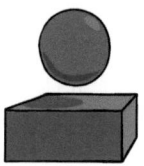

Nad

iznad

Na

na

Pod

ispod

Poleg

pored

Med

između

Kraj

mjesto